내 강아지를 위한 엄마표 레시피 Vol.1

발행일 | 2022년 3월 31일

지은이 | 박은정, 최수연
펴낸이 | 장재열
펴낸곳 | 단한권의책
출판등록 | 제25100-2017-000072호 (2012년 9월 14일)
주소 | 서울시 은평구 서오릉로 20길 10-6
팩스 | 070-4850-8021
이메일 | jjy5342@naver.com
블로그 | http://blog.naver.com/only1books

ISBN | 979-11-91853-09-4 13590
값 | 8,000원

파손된 책은 바꿔 드립니다.
이 저작물의 내용을 쓰고자 할 때는 저작자와 단한권의책의 허락을 받아야 합니다.

내 강아지를 위한

엄마표 레시피 Vol.1

healthy recipes for my dog

박은정·최수연 지음

• Intro •

그동안 반려동물영양 관련 일을 하면서 많은 반려인들이 반려동물을 사랑하지만 무엇을, 어떻게 먹여야 할지 잘 모른다는 사실을 알게 되었습니다. 펫영양사로서 많은 반려인에게 도움이 될 수 없을까 고민하던 차에 출판사에서 연락이 와서 이 책을 쓰게 되었습니다. 이 한 권의 책이 보다 많은 반려동물에게 사랑과 정성으로 건강을 챙겨주고 행복한 삶을 누리게 해주는 데 도움이 되었으면 합니다.

바쁜 현대인이 매일 한결 같이 정성과 노력을 들이기란 쉽지 않지요. 그래서 보다 손쉽게 재료를 구해 간편하게 만들 수 있는 메뉴 30가지를 선정했습니다. 또한 반려견에게 필수적인 영양 정보를 함께 실어서 보다 더 유익하고 풍부한 팁을 독자들에게 제공하려고 노력했습니다. 이 책과 함께, 그리고 소중한 우리 반려견과 함께 더욱 행복하고 소중한 나날을 만들어가시길 바랍니다. 감사합니다.

박은정, 최수연

차 례

Intro • 7
조리도구 • 10
강아지 식생활에서 주의할 사항 • 12

사전 준비 재료 • 11
견종별 도움이 되는 식단 • 14

포만감 가득
가자미오트밀 죽 • 16

저지방 고단백
닭가슴살 볶음밥 • 18

단백질 품은
떡볶이 • 20

아삭아삭함을 자랑하는
양배추돼지말이 • 22

고기와 스튜를 동시에
오리볼 단호박스튜 • 24

편식하는 반려견도 반하는
짜장면 • 26

일상의 메뉴가 되는
미역국 • 28

한입 쏙쏙 먹을 수 있는
미니주먹밥 • 30

엄마의 솜씨를 자랑하고 싶을 때
닭갈비 • 32

고기 듬뿍
잔치국수 • 34

눈과 입이 즐거운
오색비빔밥 • 36

돌돌 말아서 맛있게 먹는
계란말이 • 38

얇고 부드러운
돼지 안심 편육 • 40

가벼운 식사로 좋은
단호박연어수프 • 42

담백하게 구워내는
핫바 • 44

쫄깃쫄깃 오동통통
닭안심비빔당면 • 46

고소함을 자랑하는
연어스테이크 • 48

노란색이 돋보이는
카레 • 50

수분이 가득한
닭가슴살 두유탕 • 52

쫄깃하고 부드러운
가자미 카나페 • 54

필수 아미노산이 풍부한
연어 가리비구이 • 56

냄새부터 즐거운
소불고기덮밥 • 58

바삭하고 고소한
와플 • 60

참기름 향이 솔솔 나는
소고기라이스 • 62

식감 최고
반려견 포케 • 64

반려견을 위한 이탈리아 식단
대구 리조또 • 66

수분까지 보충하는 영양만점
닭칼국수 • 68

고소함이 가득한
꼬꼬두부조림 • 70

보기만 해도 건강해지는
버섯덮밥 • 72

반려견을 위한
홈메이드 피자 • 74

조리도구

냄비 사람과 공용으로 사용하지 않습니다. 사람의 냄비는 각종 양념과 반려동물에게 유해한 성분이 들어 있는 재료를 사용할 때가 있으므로 반려동물 전용 냄비를 사용할 것을 추천합니다.

프라이팬 프라이팬의 경우 3개로 나누어진 분리형 프라이팬을 추천합니다. 반려동물이 사용하는 재료는 사람의 음식보다 용량이 적기 때문에 소형 프라이팬을 권장합니다.

긴 젓가락 반려동물 푸드용 긴 젓가락을 준비해주세요. 양념이 스며들 수 있는 나무 재질보다 위생적으로 더 안전한 스테인리스 젓가락을 추천합니다.

도마 도마는 생선용, 육류용, 야채용으로 각 1개씩 필요합니다. 교차 오염을 방지하기 위함이니 용도별로 준비해주세요.

저울 소수점 1자리까지 측정되는 정밀 계량 저울을 사용해주세요. 사람보다 체구가 작은 반려동물에게는 1g도 큰 영향을 줄 수 있으므로 정밀 저울을 사용할 것을 권장합니다.

믹서기 소형 믹서기를 사용하면 편리해요. 제형을 잘 혼합하기 위해 자주 사용하는 도구이니 사용 후에도 잘 보관해주세요.

믹싱볼 너무 크지 않은 소·중 크기의 믹싱볼을 추천합니다. 레시피마다 자주 사용하는 편이니 수량을 넉넉히 준비하는 것이 좋습니다.

찜기 소형 크기로 충분해요. 수분을 포함시키기 위해 찜기를 사용하는 메뉴는 소형 찜기를 활용하여 조리시간을 단축시켜주세요.

사전 준비 재료

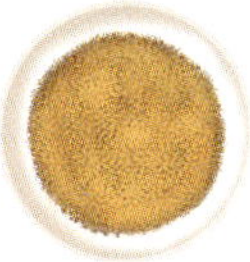

난각파우더
칼슘과 인의 용량비를 위해 사용합니다. 달걀껍질 파우더로 직접 만들어도 무방하며 시중 제품을 활용해도 좋습니다.

올리브유
메뉴에 따라 올리브유를 활용해 지방 함량을 조절하는 경우가 있습니다. 따라서 순도 100퍼센트 버진 올리브유를 사용할 것을 권장합니다.

캐롭파우더
캐롭파우더는 직접 만들 수 없으므로 시중 제품을 구매해주세요. 캐롭 100퍼센트의 함량을 지니고 있는 제품을 구입하면 안전하게 사용할 수 있어요.

강황가루
강황 외에 아무것도 첨가되지 않은 100퍼센트 강황가루를 소량 준비해두면 편리합니다.

강아지 식생활에서 주의할 사항

1. 냉장 및 냉동 보관

자연식에는 수분이 많이 들어 있고 방부제가 들어가지 않아 실온 보관이나 장기간의 냉장 보관은 부패 및 영양소의 산화를 일으킬 수 있어요. 3일 이내에 급여할 경우 냉장 보관하고, 그 이상의 기간 동안은 냉동 보관 후에 해동하여 차갑지 않게 해 급여합니다.

2. 라이프스테이지별 용량

반려견에게 먹일 수 있는 식재료는 다양하지만 각 재료가 지니고 있는 영양 성분은 다릅니다. 또한 배출되지 않고 축적되는 것은 과잉증을 일으킬 수 있으므로 반려견의 라이프스테이지에 따른 용량을 꼭 지켜주세요!

3. 몸무게별 용량 설정

이 책에 실린 레시피는 모두 5kg을 기준으로 용량을 설정했습니다. 5kg 이하의 반려견이라면 제시된 재료의 용량에서 몸무게 당 10퍼센트씩 줄여 주는 것이 좋고, 5kg 이상의 반려견이라면 몸무게 당 10퍼센트씩 늘려 줄 것을 추천합니다. 예를 들어 반려견의 몸무게가 3kg이라면 재료별로 제시된 용량에서 20퍼센트씩 줄인 용량을 주고, 8kg의 반려견이라면 제시된 용량에서 30퍼센트씩 늘려서 주세요.

3. 자연식과 변 상태

반려견의 소화기관은 약하기 때문에 사료를 바꿀 때 설사의 위험을 줄이기 위해 중간 단계를 거쳐 변경해줍니다. 자연식을 급여할 때도 변이 묽어지는 현상이 나타날 수 있어요. 이것은 정상적인 반응이며 평균 7일 이내로 원래의 변으로 돌아오게 됩니다.

4. 수분

자연식은 수분과 함께 조리되며 식재료가 지니고 있는 수분으로 인해 음수량이 자연스럽게 많아지는 것이 큰 장점이에요. 따라서 반려견이 별도로 물을 먹지 않는다고 걱정하지 않아도 좋습니다.

견종별 도움이 되는 식단

비숑 프리제
곱슬곱슬한 털이 매력적이고 활력이 넘치는 견종이에요. 푸들과 생김새가 비슷하지만 푸들과는 다른 견종입니다. 안구와 신경 관련 질환에 취약할 수 있으며 오메가3가 풍부한 음식과 신경계에 도움이 되는 음식을 자주 급여할 것을 추천합니다.

푸들
지능이 높고 똑똑한 푸들은 안구와 신경 관련 질환에 취약할 수 있어요. 유치가 잘 빠지지 않는 견종이므로 어린 시절에 이빨 관리를 잘 해줘야 합니다. 안토시아닌이 풍부한 음식과 신경계에 도움을 주는 음식을 급여하면 도움이 될 거예요.

몰티즈
원천적인 애완견 몰티즈는 감정이 매우 섬세하고 사랑 표현에 적극적인 견종이에요. 안구와 심장 관련 질환에 취약할 수 있으므로 비타민A를 보강해주면 좋습니다. 혈액순환에 도움이 되는 음식도 도움이 될 거예요.

포메라니안
국내에서 가장 많이 보이는 견종의 하나인 포메라니안은 전체적인 몸의 균형을 맞춰주는 것이 중요합니다. 소화기계 질환과 심장 관련 질환에 취약할 수 있으니 평소 소화가 잘되는 음식을 급여해줄 것을 추천합니다.

웰시코기
다리가 짧은 것이 매력적인 웰시코기는 전체적으로 튼튼한 편이지만 척추와 신장 질환에 취약할 수 있습니다. 평소 활성산소 제거에 도움이 되는 음식을 자주 급여하고 척추에 무리가 가지 않도록 체중 관리를 해주는 것이 좋아요.

시바이누

우리나라에도 키우는 인구수가 점점 많아지는 시바이누는 일본의 천연기념물이에요. 쫑긋한 귀와 날렵한 얼굴이 매력적이지요. 피부 질환에 취약할 수 있으므로 피부를 구성하는 데 유익한 지방 함유 음식이 도움이 될 것입니다.

치와와

독립적이고 용맹스러운 치와와는 초소형견에 가까운 견종이에요. 동그랗고 큰 눈이 매력적인 만큼 안구 질환에 유의해야 합니다. 평소 안구 건강에 좋은 안토시아닌이 풍부한 식재료로 간식을 만들어주면 도움이 될 거예요.

도베르만

날카로운 생김새와는 달리 충직한 것이 특징이고, 탄탄한 몸매가 매력적이며, 경찰견과 군견으로 많이 활용됩니다. 하지만 심장 질환에 취약할 수 있으니 평소 저지방 고단백 식단이 도움이 될 거예요. 나트륨이 과하지 않도록 관리해주는 것이 좋습니다.

페키니즈

조용한 성격에 평화주의자인 페키니즈는 납작한 코와 다리가 짧고 통통한 몸매가 귀여운 견종입니다. 코가 짧은 것이 특징이기에 평소 호흡기계에 좋은 식단이 도움이 되며 비만에 주의해야 해요.

골든 리트리버

온순하고 착한 성격의 골든 리트리버는 전체적인 관절 관리가 꼭 필요한 견종이에요. 따라서 체중 관리가 필요할 수 있으며, 평상시 EPA, DHA가 풍부하거나 관절에 도움이 되는 식단이 필요할 수 있어요.

포만감 가득 **가자미오트밀 죽**

부드러운 제형으로 소화에 최고인 가자미오트밀 죽.
식이섬유가 풍부하여 포만감을 주는 메뉴예요.

조리 과정

① 가자미를 20분 정도 끓인 후 건져낸다.
② 순두부를 차가운 물에 20분 정도 담가둔다.
③ 토마토를 껍질과 씨를 제거하고 과육만 잘게 다진다.
④ 무와 표고버섯, 콩나물을 잘게 다진다.
⑤ 가자미와 토마토, 무, 표고버섯, 콩나물을 넣고 야채가 다 익을 때까지 볶는다.
⑥ 재료가 잠길 때까지 물을 자작하게 넣고 오트밀을 넣고 푹 끓인다.
⑦ 오트밀이 익으면 달걀과 순두부를 넣어 풀고 달걀 흰자가 익을 때까지 잘 섞는다.
⑧ 참기름과 난각파우더를 토핑한다.

재료 준비

가자미 36g
달걀 3g
순두부 17g
오트밀 4g
토마토 38g
무 25g
표고버섯 21g
콩나물 14g
참기름 0.1g
난각파우더 0.2g

*몸무게별 용량 설정 팁
(5kg 기준)
- 1kg 증가할 때마다 10퍼센트씩 용량 증가
- 1kg 감소할 때마다 10퍼센트씩 용량 감소

펫영양사의 카운슬링

보기만 해도 부드러운 가자미오트밀 죽이에요. 오트밀은 식이섬유가 풍부해 포만감이 큰 대표적인 식재료로 비만 예방에 좋아요. 하지만 소화가 잘 되지 않을 수 있으니 반드시 완벽하게 익혀주어야 해요. 가자미는 칼로리가 낮아서 포만감 증진에 도움이 될 수 있지만 염분을 꼭 제거해야 합니다. 순두부는 첨가물이 들어 있으므로 20분 정도 물에 담근 후에 사용하세요.

저지방 고단백 닭가슴살 볶음밥

간단하게 볶아서 급여할 수 있는 볶음밥이에요.
구하기 쉬운 재료로 평상시 간편하게 만들 수 있어요.

조리 과정

① 애호박, 무, 생목이버섯, 노란 파프리카, 배추를 작게 자른다.
② 닭가슴살을 한입 크기로 자른 후에 올리브유를 두르고 반 정도 익을 때까지 볶는다.
③ ②에 ①을 넣고 닭가슴살과 야채가 완전히 익을 때까지 볶는다.
④ 그릇에 완성된 닭가슴살과 야채를 담고 난각파우더를 토핑한다.

재료 준비

닭가슴살 37g
백미밥 9g
애호박 22g
무 25g
생목이버섯 7g
노란 파프리카 19g
배추 27g
올리브유 0.1g
난각파우더 0.4g

＊몸무게별 용량 설정 팁
 (5kg 기준)
- 1kg 증가할 때마다
  10퍼센트씩 용량 증가
- 1kg 감소할 때마다
  10퍼센트씩 용량 감소

펫영양사의 카운슬링

닭가슴살은 단백질을 많이 함유하고 있어 근육 생성에 좋고, 지방이 적어 비만 예방에 도움이 돼요. 파프리카는 중성지방 분해에 도움을 주는 대표적인 식재료예요. 노란색 파프리카는 파프리카 중에 매운맛을 가장 적게 함유하고 있어서 반려견에게도 무난하게 급여할 수 있어요. 각 야채는 충분히 볶아주세요.

단백질 품은 떡볶이

천연 재료의 하모니로 반려견을 위해 재탄생한 반려견 떡볶이.
간식으로 보이지만 든든한 한 끼 식사로 줄 수 있는 맞춤 메뉴예요.

조리 과정

재료 준비

① 닭가슴살을 곱게 갈아서 떡 모양으로 만들고 당근을 한입 크기로 자른다.
② 토마토의 껍질을 벗기고 파프리카, 비트와 함께 믹서기에 간다.
③ ①을 냄비에 넣고 찐 다음 메추리알을 삶아서 먹기 좋게 자른다.
④ 냄비에 ②를 넣고 쪄 놓은 닭가슴살과 당근을 넣은 후, 걸쭉해질 때까지 끓인다.
⑤ 그릇에 ④를 담고 메추리알을 토핑한 다음 올리브유, 난각파우더를 첨가한다.

닭가슴살 58g
당근 40g
메추리알 8g
토마토 44g
빨간 파프리카 44g
비트 19g
올리브유 0.1g
난각파우더 0.4g

＊몸무게별 용량 설정 팁
(5kg 기준)
- 1kg 증가할 때마다
  10퍼센트씩 용량 증가
- 1kg 감소할 때마다
  10퍼센트씩 용량 감소

펫영양사의 카운슬링

빨간색이 먹음직스러운 반려견 떡볶이에는 항산화 효과가 있어요. 반려견은 나이가 들어감에 따라 세포 등에 각종 노화가 진행되는데, 노화를 방지하는 힘을 길러주는 것이 항산화예요. 그 외에도 비타민이 풍부한 파프리카와 비트를 활용해 영양을 고려한 메뉴랍니다.

아삭아삭함을 자랑하는 양배추돼지말이

양배추를 이용한 고급스러운 모양의 특별 만찬.
돼지고기의 높은 기호성 덕분에 잘 안 먹는 반려견에게도 인기 만점이에요.

조리 과정

① 양배추를 찜기에 넣고 찐다.
② 검은콩을 종이컵에 담고 뜨거운 물을 부어서 5분 정도 불려 검은콩 차를 만든다.
③ 냄비에 검은콩 차를 붓고 쌀가루를 넣어 걸쭉하게 끓인다.
④ 돼지고기를 양배추 길이에 맞춰 길게 썰어 다 익을 때까지 볶은 후 그릇에 담아낸다.
⑤ 아스파라거스와 청상추를 양배추 길이에 맞게 채 썰어 다 익을 때까지 올리브유에 볶은 후 그릇에 담아낸다.
⑥ 양배추를 펼쳐 돼지고기와 아스파라거스, 청상추를 넣고 돌돌 만다.
⑦ 완성된 양배추돼지말이에 ③의 소스를 올리고 무순과 난각파우더를 토핑한다.

재료 준비

돼지 뒷다리살 29g
검은콩 2g
쌀가루 10g
양배추 23g
아스파라거스 12g
청상추 16g
무순 0.5g
올리브유 0.1g
난각파우더 0.1g

*몸무게별 용량 설정 팁
(5kg 기준)
- 1kg 증가할 때마다 10퍼센트씩 용량 증가
- 1kg 감소할 때마다 10퍼센트씩 용량 감소

펫영양사의 카운슬링

구하기 쉬운 식재료로 만든 양배추돼지말이예요. 검은콩은 항산화 기능이 뛰어난 식재료지만 소화가 잘 안 될 수 있으므로 차로 우려 사용할 것을 추천합니다. 양배추와 다른 재료의 길이를 비슷하게 썰면 더 쉽게 말 수 있어요. 무순이 없다면 새싹채소를 사용해도 좋습니다.

고기와 스튜를 동시에 오리볼 단호박스튜

반려견들이 사랑하는 식재료 단호박.
물과 함께 갈아 수분 섭취까지 동시에 가능해요.

조리 과정

① 오리고기를 갈아서 준비해둔다.
② 완두콩을 푹 삶는다.
③ 오리고기와 쌀가루를 섞어 볼 모양으로 만들어 물에 넣고 삶은 후에 건져낸다.
④ 단호박을 완전히 익을 때까지 삶은 후에 물 200ml와 함께 간다.
⑤ 팽이버섯과 키위를 물 100ml와 간 후, ④와 함께 냄비에 넣고 팽이버섯이 다 익을 때까지 약한 불에서 저으며 끓인다.
⑥ 가지를 얇게 슬라이스한 후에 팬에 참기름을 두르고 가지가 다 익을 때까지 노릇노릇하게 굽는다.
⑦ ④를 그릇에 붓고 오리볼과 가지를 올린다.
⑧ 완두콩과 난각파우더를 토핑한다.

재료 준비

오리고기 52g
완두콩 5g
쌀가루 9g
단호박 9g
팽이버섯 21g
가지 20g
키위 3g
참기름 0.1g
난각파우더 0.3g

*몸무게별 용량 설정 팁
(5kg 기준)
- 1kg 증가할 때마다
  10퍼센트씩 용량 증가
- 1kg 감소할 때마다
  10퍼센트씩 용량 감소

펫영양사의 카운슬링

기호성이 좋아 반려견 간식으로 많이 활용되는 오리고기는 중금속 배출에 탁월한 효과를 지닌 단백질 식품이에요. 일반 마트에서 파는 오리고기를 준비할 경우, 훈제가 아닌 생으로 준비해야 하며 지방과 껍질을 완벽하게 제거해야 해요.

편식하는 반려견도 반하는 짜장면

반려견의 입맛을 유혹하는 매력적인 메뉴.
다양한 재료를 골고루 섞어 소스와 함께 비벼서 만들어보세요.

조리 과정

① 면두부를 끓는 물에 한 번 삶아 첨가물을 제거한다.
② 당근, 새송이버섯, 애호박을 한입 크기로 작게 자른다.
③ 돼지고기를 다져서 끓는 물에 삶아 불순물을 제거한다.
④ 냄비에 물 40ml를 붓고 당근, 새송이버섯, 애호박, 캐롭파우더를 넣은 후에 물이 줄어들 때까지 끓인다.
⑤ 그릇에 면두부, 돼지고기를 넣고 ④의 재료를 넣어 섞은 다음 올리브유와 난각파우더를 뿌린다.

재료 준비

돼지 안심 42g
면두부 25g
애호박 17g
당근 24g
새송이버섯 17g
올리브유 0.1g
난각파우더 0.2g
캐롭파우더 5g

*몸무게별 용량 설정 팁
(5kg 기준)
- 1kg 증가할 때마다 10퍼센트씩 용량 증가
- 1kg 감소할 때마다 10퍼센트씩 용량 감소

펫영양사의 카운슬링

애호박은 단호박보다 예쁘지 않은 색감으로 활용도가 낮은 편에 속해요. 하지만 애호박은 비타민B군뿐만 아니라 식이섬유, 베타카로틴 등이 풍부하며 식감 또한 부드러워 노령의 반려견에게 도움이 돼요. 단, 너무 많이 제공하면 칼륨 과다로 부작용이 생길 수 있으므로 주의가 필요해요.

일상의 메뉴가 되는 미역국

생일이 아니어도 일상에서 활용하는 반려견 미역국.
반려견의 건강을 똑똑하게 챙겨주고 활기찬 생활을 돕는 메뉴예요.

조리 과정

재료 준비

① 무를 깨끗하게 씻어 껍질을 벗기고 얇게 슬라이스하여 자른다.
② 미역을 물에 불린 후에 차가운 물에 한 번 더 씻어서 준비한다.
③ 소고기를 한입 크기로 작게 자른다.
④ 현미를 충분히 익혀서 현미밥을 짓는다.
⑤ 팬에 참기름, 미역, 소고기를 넣고 완전히 익을 때까지 볶는다.
⑥ 냄비에 물과 무를 넣어 무가 완전히 익을 때쯤 ⑤를 넣고 3분 정도 더 끓인다.
⑦ ④와 ⑥을 그릇에 담아내고 난각파우더를 토핑한다.

소 등심 22g
현미밥 17g
무 40g
건미역 2g
참기름 0.1g
난각파우더 0.1g

*몸무게별 용량 설정 팁
 (5kg 기준)
- 1kg 증가할 때마다
  10퍼센트씩 용량 증가
- 1kg 감소할 때마다
  10퍼센트씩 용량 감소

펫영양사의 카운슬링

반려견에게도 미역국은 평소에 먹는 집밥이 될 수 있어요. 미역에는 후코이단 성분이 들어 있는데 이 성분은 항암, 항종양 효과 등 면역력에 도움이 돼요. 실제로 펫푸드에는 후코이단이 포함된 간식이 많답니다. 생활 속에서 반려견의 건강을 챙겨주는 식단으로 활용해보세요.

한입 쏙쏙 먹을 수 있는 미니주먹밥

사람이 만들어 먹는 주먹밥보다 더 귀여운 반려견 미니주먹밥.
특별한 손재주가 없어도 부담 없이 만들 수 있어요.

조리 과정

① 현미를 완전히 익혀서 현미밥을 준비한다.
② 우유를 냄비에 끓여 준비된 식초를 넣고 무염치즈를 만들어둔다.
③ 돼지고기를 작게 다지고 완전히 익을 때까지 삶는다.
④ 믹싱볼에 돼지고기, 현미밥, 무염치즈, 검은깨를 넣고 한입 크기로 뭉친다.
⑤ 그릇에 ④를 담고 콩가루와 올리브유, 난각파우더를 뿌린다.

재료 준비

현미밥 17g
무염치즈 23g
돼지 뒷다리살 29g
검은깨 0.2g
올리브유 0.2g
난각파우더 0.2g
콩가루 한 꼬집

*몸무게별 용량 설정 팁
(5kg 기준)
- 1kg 증가할 때마다
  10퍼센트씩 용량 증가
- 1kg 감소할 때마다
  10퍼센트씩 용량 감소

펫영양사의 카운슬링

현미는 식이섬유가 풍부한 탄수화물 식품이에요. 하지만 소화가 어렵기 때문에 충분히 가열해야 합니다. 흰쌀밥과 비교해 기호성을 높여주기도 하니 평소 현미를 즐겨 먹지 않는 반려견에게 현미로 영양을 보충해주는 것도 좋아요.

엄마의 솜씨를 자랑하고 싶을 때 닭갈비

고추장이 없으면 안 된다고요?
반려견 닭갈비는 고추장 없이 좋은 재료를 활용해 만들 수 있답니다.

조리 과정

① 믹서기에 캐롭파우더, 빨간 파프리카, 비트를 넣어 간다.
② 닭가슴살을 먹기 좋은 크기로 자른 후 푹 삶는다.
③ 고구마, 양배추, 케일을 한입 크기로 자르고 완전히 삶아서 익힌다.
④ 팬에 ①을 붓고 ②와 ③을 넣은 후 소스가 자박해질 때까지 볶는다.
⑤ 그릇에 ④를 담고 참기름과 흰깨, 난각파우더를 토핑한다.

재료 준비

닭가슴살 58g
양배추 19g
고구마 14g
케일 18g
빨간 파프리카 44g
비트 19g
흰깨 0.4g
참기름 0.1g
난각파우더 0.2g
캐롭파우더 2g

*몸무게별 용량 설정 팁
(5kg 기준)
- 1kg 증가할 때마다 10퍼센트씩 용량 증가
- 1kg 감소할 때마다 10퍼센트씩 용량 감소

펫영양사의 카운슬링

고구마는 일상생활에서 반려견이 흔히 만날 수 있는 반가운 식재료예요. 단맛이 강해 기호성도 우수하지요. 식이섬유가 풍부한 고구마는 변비로 고생하는 반려견에게 도움이 돼요. 하지만 탄수화물 함량이 높기 때문에 지나친 양을 제공하면 지방화되어 비만을 유발할 수 있으니 너무 많이 급여하지 않도록 주의하세요.

고기 듬뿍 잔치국수

사람이 먹는 국수와 비슷하지만 고기가 듬뿍 들어간 잔치국수.
겨울에는 따뜻하게, 여름에는 시원하게 급여할 수 있는 메뉴예요.

조리 과정

① 마른 멸치의 내장과 머리를 제거한 후 물에 20분 정도 끓여서 염분을 제거한다.
② 소고기와 멸치에 물 200ml를 붓고 끓여서 육수를 만들고, 육수에 달걀을 풀어 충분히 익힌다.
③ 소면을 푹 삶아 염분을 제거한다.
④ 애호박과 당근, 파프리카를 길이 5cm 정도로 채 썰어 다 익을 때까지 참기름에 볶는다.
⑤ 소고기를 잘게 찢는다.
⑥ 소면에 소고기, 멸치, 애호박, 당근, 파프리카를 고명으로 얹은 후 육수를 붓는다.
⑦ 난각파우더를 토핑한다.

재료 준비

소 홍두깨살 39g
마른 멸치 1g
달걀 5g
소면 15g
애호박 13g
당근 6g
노란 파프리카 11g
빨간 파프리카 7g
참기름 0.1g
난각파우더 0.2g

*몸무게별 용량 설정 팁
(5kg 기준)
- 1kg 증가할 때마다 10퍼센트씩 용량 증가
- 1kg 감소할 때마다 10퍼센트씩 용량 감소

펫영양사의 카운슬링

일상적인 음식이지만 고기를 듬뿍 넣은 잔치국수. 반려견의 관절 건강에 도움이 되는 식재료로 구성됐어요. 멸치는 내장과 염분을 제거한 후에 사용하면 골격 형성과 뼈 기능에 도움이 돼요. 당근은 소화가 잘 안 될 수 있으니 충분히 익혀주세요. 당근은 오랫동안 가열해도 영양 손실이 적은 식재료랍니다.

눈과 입이 즐거운 **오색비빔밥**

집에 있는 재료로 만들어 줄 수 있어서 더 좋은 오색비빔밥.
사계절 내내 언제든 손쉽게 만들 수 있어요.

조리 과정

재료 준비

① 소고기를 한입 크기로 잘라서 완전히 익힌다.
② 백미를 완전히 익혀서 흰쌀밥을 짓는다.
③ 콩나물, 표고버섯을 작게 다져서 완전히 익힌다.
④ 당근과 애호박을 채 썰어 완전히 익힌다.
⑤ 메추리알을 팬에 프라이한다.
⑥ ②, ③을 혼합하여 그릇에 담고 소고기, 당근, 애호박을 올린다.
⑦ 메추리알 프라이를 올린 후에 참기름을 뿌리고 난각파우더를 토핑한다.

소 홍두깨살 51g
메추리알 4g
흰쌀밥 16g
콩나물 11g
표고버섯 14g
당근 20g
애호박 23g
참기름 0.2g
난각파우더 0.3g

＊몸무게별 용량 설정 팁
 (5kg 기준)
- 1kg 증가할 때마다
  10퍼센트씩 용량 증가
- 1kg 감소할 때마다
  10퍼센트씩 용량 감소

펫영양사의 카운슬링

소고기를 활용한 레시피로 반려견의 피부와 철분 공급에 도움이 돼요. 또한 콩나물에 함유된 풍부한 수분은 천연 재료로 수분을 보충하는 데 유용하지요. 메추리알이 없는 경우에는 달걀을 사용해도 되지만 그럴 경우 용량을 50퍼센트 줄여서 제공해주세요.

돌돌 말아서 맛있게 먹는 계란말이

하나씩 줄 수 있어서 더욱 간편한 반려견 계란말이.
보들보들한 계란으로 만들어 소화에 부담을 주지 않는 한 끼 메뉴예요.

조리 과정

① 믹싱볼에 달걀을 깨뜨리고 현미가루를 넣어 뭉치지 않도록 풀어준다.
② 당근과 상추를 잘게 다져서 준비해둔다.
③ 팬에 올리브유를 두르고 달궈지면 ①의 달걀과 ②를 혼합하여 얇게 돌돌 말아준다.
④ 그릇에 담고 난각파우더를 토핑한다.

재료 준비

달걀 60g
현미가루 17g
상추 20g
당근 28g
올리브유 0.1g
난각파우더 0.2g

*몸무게별 용량 설정 팁
(5kg 기준)
- 1kg 증가할 때마다 10퍼센트씩 용량 증가
- 1kg 감소할 때마다 10퍼센트씩 용량 감소

펫영양사의 카운슬링

달걀을 활용한 계란말이는 반려견의 기력 회복 등에 유용해요. 비타민C를 제외한 거의 모든 영양소가 함유되어 있고, 기호성 또한 우수하여 반려견들이 좋아하는 식재료예요. 하지만 완전히 익히지 않은 달걀은 용혈성 빈혈을 유발할 수 있으니 주의하세요.

얇고 부드러운 **돼지 안심 편육**

부드럽고 소화가 잘되는 돼지 안심으로 만든 편육이에요.
얇게 썬 돼지고기와 메추리알로 반려견의 체력을 길러주세요.

조리 과정

재료 준비

① 돼지고기와 메추리알을 완전히 익을 때까지 삶아 얇게 편으로 썰어놓는다.
② 토마토의 씨와 껍질을 빼고 준비한 후에 잘게 자른다.
③ 노란 파프리카, 케일을 잘게 다지고 오이를 채 썰어 준비한다.
④ 참기름을 두른 팬에 토마토, 노란 파프리카, 케일을 넣고 다 익을 때까지 볶는다.
⑤ 물 100ml에 퀴노아를 넣은 후 뚜껑을 닫고 약한 불에서 푹 익힌다.
⑥ ⑤에 현미가루를 넣고 걸쭉해지도록 3분 정도 젓는다.
⑦ ⑥을 바닥에 깔고 ①과 ④를 올린다.
⑧ ⑦ 위에 채 썬 오이를 올리고 난각파우더를 뿌린다.

돼지 안심 32g
메추리알 5g
현미가루 6g
퀴노아 1g
노란 파프리카 15g
케일 10g
오이 20g
토마토 27g
참기름 0.1g
난각파우더 0.2g

몸무게별 용량 설정 팁
(5kg 기준)
- 1kg 증가할 때마다 10퍼센트씩 용량 증가
- 1kg 감소할 때마다 10퍼센트씩 용량 감소

펫영양사의 카운슬링

돼지 안심 고유의 지방질과 단백질은 체력을 강화시키고 에너지를 뿜어내도록 도와줘요. 지방이 많은 부위는 잘라내고 반드시 완전히 익혀야 해요. 오이는 심장이나 신장 질환이 있는 반려견에게는 주의가 필요해요.

가벼운 식사로 좋은 단호박연어수프

영양까지 생각한 부드럽고 달콤한 반려견 수프.
어린 반려견부터 노령의 반려견까지 모두 즐길 수 있는 메뉴예요.

조리 과정

① 감자를 잘게 다지고 연어를 한입 크기의 정사각형으로 잘라서 준비해둔다.
② 두부를 한 번 끓여서 염분을 제거한 다음 믹서기에 갈아둔다.
③ 단호박의 껍질을 벗겨 완전히 삶은 후에 믹서기에 우유와 함께 간다.
④ 팬에 감자가 완전히 익을 때까지 무염버터와 함께 볶는다.
⑤ 갈아둔 단호박과 두부를 넣고 중불로 끓인다.
⑥ ⑤가 끓고 있을 때 팬에 올리브유를 두르고 연어를 완전히 굽는다.
⑦ 그릇에 수프와 감자를 담고 구운 연어를 올린 다음 난각파우더를 토핑한다.

재료 준비

연어 20g
두부 25g
락토프리우유 38g
단호박 62g
감자 14g
무염버터 0.6g
올리브유 0.1g
난각파우더 0.3g

*몸무게별 용량 설정 팁
(5kg 기준)
- 1kg 증가할 때마다 10퍼센트씩 용량 증가
- 1kg 감소할 때마다 10퍼센트씩 용량 감소

펫영양사의 카운슬링

동물성 단백질 식품인 연어는 반려견에게 반드시 필요한 단백질원이에요. 필수 아미노산을 비롯하여 DHA, EPA 등의 필수 지방산도 풍부하게 함유하고 있어요. 연어는 피부에 좋은 재료로 알려져 있는데, 이는 앞에서 말한 필수 지방산이 풍부해 피부에 좋은 역할을 하기 때문이에요. 피부에 좋은 연어를 적극 활용해보세요.

담백하게 구워내는 핫바

반려견 핫바는 기름기를 최소화하는 것이 포인트.
자극적이지 않은 홈메이드 핫바로 반려견에게 새로운 맛을 선사해보세요.

조리 과정

재료 준비

① 두부를 끓는 물에 삶아서 염분을 제거하고 물기를 완전히 뺀다.
② 물기를 뺀 두부를 믹서기에 곱게 간다.
③ 당근을 다져서 완전히 익을 때까지 삶고 사과를 잘게 다진다.
④ 닭가슴살을 갈아서 분쇄한다.
⑤ 볼에 ②, ③, ④를 넣은 다음 통밀가루와 달걀, 사과, 검은깨를 넣고 반죽을 만든다.
⑥ 팬에 올리브유를 두르고 ⑤를 핫바 모양으로 올린 후 노릇노릇하게 굽는다.
⑦ 그릇에 담아내고 난각파우더를 뿌린다.

닭가슴살 22g
달걀 17g
두부 6g
당근 20g
사과 11g
통밀가루 10g
검은깨 1g
올리브유 0.1g
난각파우더 0.4g

*몸무게별 용량 설정 팁
(5kg 기준)
- 1kg 증가할 때마다 10퍼센트씩 용량 증가
- 1kg 감소할 때마다 10퍼센트씩 용량 감소

펫영양사의 카운슬링

반려견 핫바는 다양한 모양으로 활용할 수 있어요. 부드럽고 말랑한 식감으로 씹는 습관이 갖춰지지 않은 반려견이나 소화 능력이 떨어지는 노령견에게도 제공이 가능하답니다. 사람의 핫바처럼 기름을 많이 사용하지 않기 때문에 조리 시 타지 않도록 여러 번 뒤집어주는 게 포인트예요.

쫄깃쫄깃 오동통통 닭안심비빔당면

부드러운 닭고기와 쫄깃한 당면의 만남.
식감이 살아 있는 메뉴로 반려견의 입맛을 돋우어주세요.

조리 과정

재료 준비

① 당면을 물에 불린다.
② 두부를 끓는 물에 넣고 다 익을 때까지 삶아서 염분을 제거해둔다.
③ 닭안심, 배, 청상추, 셀러리를 채 썰고 브로콜리를 잘라 준비한 후에 두부를 한입 크기로 자른다.
④ 참기름을 두르고 닭안심을 반 정도 익을 때까지 볶는다.
⑤ ④의 팬에 야채를 넣고 재료가 다 익을 때까지 볶는다.
⑥ 불린 당면을 15분 정도 삶아 건져내고 잘게 자른다.
⑦ ⑤의 재료가 담긴 팬에 잘게 자른 당면을 넣고 섞는다.
⑧ ②의 두부를 넣고 1분 정도 더 볶는다.
⑨ 조리된 재료를 그릇에 담고 배와 난각파우더를 토핑한다.

닭안심 39g
두부 14g
당면 15g
배 6g
청상추 16g
브로콜리 10g
셀러리 11g
참기름 0.1g
난각파우더 0.1g

＊몸무게별 용량 설정 팁
(5kg 기준)
- 1kg 증가할 때마다 10퍼센트씩 용량 증가
- 1kg 감소할 때마다 10퍼센트씩 용량 감소

펫영양사의 카운슬링

셀러리는 유해 물질을 배출하는 데 탁월한 식재료예요. 셀러리 고유의 향을 싫어하는 반려견에게는 찬물에 담가 향을 제거한 후에 사용하면 도움이 돼요. 셀러리는 약용 효과가 있기에 임의로 용량을 늘리지 않도록 주의해야 해요. 당면은 신장에 부담이 적은 식재료지만 급여할 때는 잘게 잘라주세요.

고소함을 자랑하는 연어스테이크

연어를 활용한 메뉴로 부드럽고 고소한 게 특징이에요.
피부에 도움이 되는 연어스테이크는 한 끼 식사로도 좋아요.

조리 과정

① 연어를 통째로 10분 정도 끓여서 염분을 제거한 후에 굽는다.
② 감자를 다 익을 때까지 삶아 으깬다.
③ 당근, 양배추를 잘게 다져서 다 익을 때까지 올리브유에 볶은 후 ②를 넣고 섞는다.
④ 믹서기에 배추와 사과, 물 150ml 정도를 넣고 간 후에 쌀가루, 우유와 함께 섞어서 배추가 다 익을 때까지 걸쭉하게 끓인다.
⑤ 접시에 ①을 담고 ④를 부린 후 ③을 한쪽 옆에 올린다.
⑥ 난각파우더와 파슬리가루를 토핑한다.

재료 준비

연어 32g
락토프리우유 14g
쌀가루 9g
감자 5g
배추 16g
당근 6g
양배추 9g
사과 5g
올리브유 0.1g
난각파우더 0.3g
파슬리가루 0.1g

*몸무게별 용량 설정 팁
(5kg 기준)
- 1kg 증가할 때마다
  10퍼센트씩 용량 증가
- 1kg 감소할 때마다
  10퍼센트씩 용량 감소

펫영양사의 카운슬링

반려견에게 특별한 한 끼를 줄 수 있는 연어스테이크예요. 연어의 불포화 지방산은 관절의 염증을 완화시키는 데 도움이 돼요. 냉동 연어는 자연 해동하고 10분 정도 끓여서 염분을 제거한 후에 사용해야 해요. 우유가 지니고 있는 칼슘은 흡수율이 높아 관절에 도움을 준답니다.

노란색이 돋보이는 **카레**

무한 변신이 가능한 반려견 카레.
반려견을 위한 간단한 한 끼 식사로 제격인 메뉴예요.

조리 과정

① 단호박의 껍질을 벗긴 후 완전히 익을 때까지 찐다.
② 찐 단호박과 강황가루를 섞어 뭉치지 않도록 물 100ml와 함께 희석한다.
③ 감자와 당근을 한입 크기로 자른 후에 완전히 익을 때까지 삶는다.
④ 돼지고기를 한입 크기로 자른다.
⑤ 팬에 올리브유를 두르고 ④를 굽는다.
⑥ 냄비에 ②와 감자, 당근, 돼지고기를 넣는다.
⑦ 중불에서 8~10분 정도 걸쭉해질 때까지 끓인다.
⑧ 그릇에 담아내고 난각파우더를 토핑한다.

재료 준비

돼지 안심 50g
단호박 20g
감자 29g
당근 20g
올리브유 0.1g
강황가루 0.2g
난각파우더 0.4g

＊몸무게별 용량 설정 팁
(5kg 기준)
- 1kg 증가할 때마다 10퍼센트씩 용량 증가
- 1kg 감소할 때마다 10퍼센트씩 용량 감소

펫영양사의 카운슬링

반려견 카레는 사람의 음식과 모양이 매우 비슷해서 만드는 재미를 느낄 수 있어요. 또한 단호박을 사용해서 반려견에게 기호성 높은 식사를 제공할 수 있어요. 올리브유 대신 연어 오일 또는 기타 생선 추출 오일을 사용하면 더욱 완벽한 레시피가 된답니다.

수분이 가득한 닭가슴살 두유탕

한 끼 뚝딱하기에 좋은 메뉴!
닭가슴살과 두유의 부드러운 조화가 체력 증진에 도움이 돼요.

조리 과정

① 닭가슴살을 갈아둔다.
② 병아리콩을 완전히 익힌다.
③ 우엉을 잘게 다져서 찬물에 10분 정도 담가 쓴맛을 제거한다.
④ 무와 시금치를 잘게 다진다.
⑤ 닭가슴살과 병아리콩을 섞어 완자 모양으로 만들어 물에 푹 삶는다.
⑥ 두유에 물 200ml를 넣고 보글보글 끓으면 조와 우엉, 무, 시금치를 넣어 익힌다.
⑦ ⑥을 그릇에 담고 닭가슴살 완자를 올린다.
⑧ 난각파우더와 가쓰오부시, 참기름을 토핑한다.

재료 준비

닭가슴살 44g
병아리콩 1g
두유 7g
조 5g
시금치 9g
우엉 5g
무 25g
참기름 0.1g
난각파우더 0.3g
가쓰오부시 0.3g

*몸무게별 용량 설정 팁
(5kg 기준)
- 1kg 증가할 때마다 10퍼센트씩 용량 증가
- 1kg 감소할 때마다 10퍼센트씩 용량 감소

펫영양사의 카운슬링

힘센 뽀빠이가 좋아하는 시금치는 체력 강화와 에너지에 도움이 되는 식재료예요. 하지만 과량 사용 시 결석이 생길 수 있으니 주의해야 해요. 두유는 시중에 파는 두유가 아닌 순수한 콩물을 사용해주세요. 순수한 콩물로 만든 두유는 체력 증진 효과가 있어요.

쫄깃하고 부드러운 가자미 카나페

간단하지만 특별하게 보이는 음식 카나페. 가자미의 부드러움과 고소함을 동시에 느낄 수 있는 특별한 한 끼 식사예요.

조리 과정

① 가자미를 찬물에 8시간 정도 담가 염분을 제거한다.
② 관자와 홍합을 끓는 물에 20분 정도 삶아 염분을 제거한 후에 잘게 잘라 섞는다.
③ 비트를 갈아서 준비하고 여기에 쌀가루, 수수, 물을 넣고 푹 익혀서 점성이 있게 만든다.
④ 토마토의 껍질과 씨를 빼고 과육만 잘게 다져서 익힌다.
⑤ 참기름을 두르고 가자미가 완전히 익을 때까지 굽는다.
⑥ 가자미를 정사각형 모양으로 자르고 가자미, 토마토, 관자와 홍합을 쌓는다.
⑦ ⑥ 위에 ③의 소스와 블루베리를 올린 후에 난각파우더를 토핑한다.

재료 준비

가자미 36g
관자 9g
홍합 7g
쌀가루 6g
수수 1g
블루베리 9g
토마토 11g
비트 11g
참기름 0.1g
난각파우더 0.3g

*몸무게별 용량 설정 팁
(5kg 기준)
- 1kg 증가할 때마다 10퍼센트씩 용량 증가
- 1kg 감소할 때마다 10퍼센트씩 용량 감소

펫영양사의 카운슬링

토마토의 붉은 성분인 리코펜은 대표적인 항산화 성분이에요. 토마토는 꼭 붉은 것을 사용해야 해요. 토마토의 껍질과 씨는 소화를 못 시킬 수 있으니 제거하고 조리해주세요. 비트를 급여할 경우 소변이 붉게 나오는 현상은 매우 정상이니 놀라지 마세요.

필수 아미노산이 풍부한 **연어 가리비구이**

고소한 가리비가 들어갔어요.
에너지 뿜뿜! 체력 강화 자연식이랍니다.

조리 과정

① 연어와 가리비를 15분 정도 끓여서 염분을 제거하고 건져내 한입 크기로 자른다.
② 애호박, 적채, 무를 쪄서 함께 갈아둔다.
③ 바나나와 망고를 골고루 섞는다.
④ 연어와 가리비를 참기름에 완전히 익도록 볶는다.
⑤ ②를 그릇 바닥에 깔고 ④를 담은 후 ③을 올린다.
⑥ 백미밥을 그릇에 따로 담는다.
⑦ 난각파우더를 토핑한다.

재료 준비

연어 32g
가리비 9g
백미밥 6g
바나나 6g
애호박 22g
망고 3g
적채 7g
무 31g
참기름 0.1g
난각파우더 0.4g

*몸무게별 용량 설정 팁
 (5kg 기준)
- 1kg 증가할 때마다 10퍼센트씩 용량 증가
- 1kg 감소할 때마다 10퍼센트씩 용량 감소

펫영양사의 카운슬링

바나나는 즉각적인 에너지를 공급하는 데 유용한 식재료예요. 단, 칼륨 함량이 높으니 신장과 심장 질환이 있는 반려동물에게는 사용을 제한해야 해요. 연어는 양질의 단백질과 지방을 공급하여 반려견의 체력 강화에 도움이 된답니다. 가리비와 연어는 염분을 제거한 후에 사용해주세요.

냄새부터 즐거운 소불고기덮밥

밥 먹는 시간을 가장 행복하게 해줄 메뉴!
맛있게 먹는 반려견을 상상하며 소불고기 요리에 도전해보세요.

조리 과정

① 소고기를 얇게 슬라이스하여 먹기 좋게 자른다.
② 표고버섯, 당근을 얇게 채 썬 다음 완전히 삶는다.
③ 백미로 흰쌀밥을 짓는다.
④ 브로콜리를 먹기 좋은 크기로 잘라서 완전히 삶는다.
⑤ 팬에 소고기, 표고버섯, 당근, 브로콜리를 넣고 캐롭파우더를 넣는다.
⑥ ⑤에 물 10ml를 추가하여 캐롭파우더가 뭉치지 않도록 섞으면서 볶는다.
⑦ ⑥에 참기름을 넣고 3분 정도 더 볶는다.
⑧ 그릇에 흰쌀밥과 완성된 불고기를 담은 후 흰깨와 난각파우더를 토핑한다.

재료 준비

소 홍두깨살 51g
흰쌀밥 16g
표고버섯 24g
브로콜리 23
당근 36g
흰깨 0.2
참기름 0.2g
난각파우더 0.6
캐롭파우더 2g

몸무게별 용량 설정 팁
(5kg 기준)
- 1kg 증가할 때마다
  10퍼센트씩 용량 증가
- 1kg 감소할 때마다
  10퍼센트씩 용량 감소

펫영양사의 카운슬링

캐롭은 허브류에 속하는 식재료예요. 캐롭 나무의 열매로 냄새와 색상은 초콜릿과 유사하지만 초콜릿 성분과는 무관해서 반려견에게 급여해도 안전하답니다. 캐롭파우더는 반려견의 장 건강을 유지해주고 원인 모를 설사를 완화시키는 데 도움이 될 수 있어요.

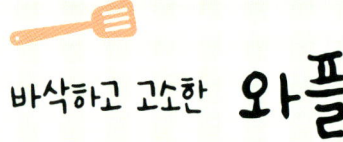

바삭하고 고소한 와플

단백질이 들어가 영양이 풍부한 반려견 와플. 반려견의 건강도 챙기고 엄마표 정성까지 더해줄 수 있는 프리미엄 메뉴예요.

조리 과정

① 쌀가루와 오트밀가루를 달걀과 함께 섞는다.
② 닭가슴살을 믹서기로 갈아서 준비한 다음 ①에 넣어 뭉치지 않도록 섞는다.
③ 예열을 마친 팬에 올리브유를 바른다.
④ ②의 반죽을 부어 굽는다.
⑤ 냄비에 우유와 한천가루를 넣고 걸죽해질 때까지 끓인다.
⑥ 완성된 와플에 ⑤의 소스를 찍어서 상온에 굳힌 후 그릇에 담고 난각파우더를 토핑한다.

재료 준비

닭가슴살 90g
달걀 52g
쌀가루 73g
오트밀가루 10g
올리브유 0.5g
난각파우더 1.2g

소스
락토프리우유 100g
한천가루 10g

＊몸무게별 용량 설정 팁
(5kg 기준)
- 1kg 증가할 때마다
  10퍼센트씩 용량 증가
- 1kg 감소할 때마다
  10퍼센트씩 용량 감소

펫영양사의 카운슬링

반려견 와플은 닭가슴살을 활용하여 단백질을 함께 제공할 수 있는 메뉴예요. 레시피에 나온 소스는 선택하여 활용할 수 있어요. 완성된 와플은 하루에 4~5회 나누어 제공해주는 것이 좋아요.

참기름 향이 솔솔 나는 **소고기라이스**

있는 듯 없는 듯 아마란스가 들어간 볶음밥.
우리 반려견의 항산화를 위해 손쉽게 만들어주세요.

조리 과정

① 렌틸콩을 불려서 다 익을 때까지 삶는다.
② 아마란스와 토란을 푹 익히고 토란을 으깨면서 섞는다.
③ 만가닥버섯과 팽이버섯을 잘게 자른다.
④ 소고기를 한입 크기로 자른다.
⑤ 참기름을 두르고 소고기를 반 정도 익을 때까지 볶다가 ①을 넣고 소고기가 다 익을 때까지 볶는다.
⑥ ⑤에 ③을 넣고 익을 때까지 볶는다.
⑦ 완성된 ⑥을 그릇에 담고 그 위에 ②를 올린다.
⑧ 배를 채 썰어 올리고 난각파우더를 토핑한다.

재료 준비

소 홍두깨살 39g
렌틸콩 3g
아마란스 4g
토란 6g
만가닥버섯 20g
배 6g
팽이버섯 31g
참기름 0.1g
난각파우더 0.4g

＊몸무게별 용량 설정 팁
 (5kg 기준)
- 1kg 증가할 때마다 10퍼센트씩 용량 증가
- 1kg 감소할 때마다 10퍼센트씩 용량 감소

펫영양사의 카운슬링

간단하게 볶으면 되는 자연식 메뉴로 항산화 기능에 도움을 주는 요리입니다. 아마란스는 충분히 익히지 않으면 소화가 안 될 수 있으니 푹 익혀주어야 해요. 토란은 영양가가 풍부해 감자나 고구마 대신 쓸 수 있어요. 하지만 완전히 익히지 않으면 독성이 유발될 수 있으니 잘 익혀주세요.

식감 최고 반려견 포케

하와이 음식인 포케를 반려견 음식으로 만들어요. 다양한 식재료를
예쁘게 플레이팅하여 눈과 입이 모두 즐거운 한 끼를 만들어보세요.

조리 과정

① 수수를 냄비에 물과 함께 넣고 끓여 충분히 익혀둔다.
② 콜리플라워의 송이 부분을 삶아 잘게 자른다.
③ 청경채와 가지, 아스파라거스를 먹기 좋은 크기로 자르고 사과를 채 썬다.
④ 소고기를 잘게 잘라 올리브유를 두른 후 다 익을 때까지 볶아 그릇에 담는다.
⑤ 소고기를 익힌 프라이팬에 청경채, 가지, 아스파라거스, 달걀을 각각 따로 볶고 개별 그릇에 담아 준비한다.
⑥ 콜리플라워와 수수를 섞는다.
⑦ ⑥을 그릇에 담고 청경채, 가지, 아스파라거스, 소고기, 달걀을 그릇에 나눠 담은 후 채 썬 사과를 올린다.
⑧ 난각파우더와 새싹채소를 토핑한다.

재료 준비

소 홍두깨살 35g
달걀 7g
수수 4g
콜리플라워 27g
청경채 25g
사과 8g
가지 20g
아스파라거스 12g
올리브유 0.1g
난각파우더 0.3g
새싹채소 0.3g

*몸무게별 용량 설정 팁
 (5kg 기준)
- 1kg 증가할 때마다
  10퍼센트씩 용량 증가
- 1kg 감소할 때마다
  10퍼센트씩 용량 감소

펫영양사의 카운슬링

콜리플라워는 혈액순환에 좋고 노폐물 관리에 도움이 되는 식재료예요. 줄기를 제외한 송이 부분만 사용해야 하며 푹 익힌 후에 급여해주세요.

반려견을 위한 이탈리아 식단 대구 리조또

흰살 생선이 들어간 영양 만점 대구 리조또.
다양한 재료로 집에서도 손쉽게 반려견 밥으로 만들 수 있어요.

조리 과정

① 대구살을 20분 정도 끓인 후 건져낸다.
② 조를 냄비에 물과 함께 넣고 끓여 완벽하게 익혀 준비해둔다.
③ 애호박, 숙주나물을 잘게 자른다.
④ 우유 100ml에 식초 한 숟가락을 넣고 무염치즈를 만든다.
⑤ 믹서기에 무염치즈, 감자, 배추를 넣고 함께 갈아서 준비한다.
⑥ 참기름을 팬에 두르고 대구살과 애호박, 숙주나물과 조, 블루베리를 넣고 애호박과 숙주나물이 다 익을 때까지 볶는다.
⑦ ⑤에 ⑥을 부은 후 걸쭉해질 때까지 끓인다.
⑧ 난각파우더와 파슬리가루를 토핑한다.

재료 준비

대구살 47g
무염치즈 9g
조 4g
감자 5g
애호박 22g
블루베리 7g
배추 22g
숙주나물 23g
참기름 0.1g
난각파우더 0.3g
파슬리가루 0.1g

*몸무게별 용량 설정 팁
(5kg 기준)
- 1kg 증가할 때마다 10퍼센트씩 용량 증가
- 1kg 감소할 때마다 10퍼센트씩 용량 감소

펫영양사의 카운슬링

대구는 흰살 생선 중에서도 칼슘이 높은 편이고, 열량이 낮으며, 지방이 적고, 포만감이 높은 단백질 식품이에요. 대구살에 제거하지 않은 뼈가 있으면 뼈를 제거해주어야 해요. 숙주나물은 수분이 풍부해서 반려견에게 포만감을 주지만 질길 수 있으니 잘게 다져주세요.

수분까지 보충하는 영양만점 **닭칼국수**

닭칼국수 한 그릇으로 반려견의 보양식 고민 끝!
매일 똑같은 식단에 지친 반려견에게 식사의 즐거움을 선물하세요.

조리 과정

① 내장과 머리를 제거한 건멸치를 끓는 물에 삶고 건져서 준비해둔다.
② 냄비에 닭가슴살이 잠길 만큼 물을 붓고 완전히 익을 때까지 삶는다.
③ 닭가슴살을 삶은 육수에 멸치를 넣어 육수를 우려낸다.
④ 애호박과 케일을 채 썰고 감자를 한입 크기로 자른 후 완전히 익을 때까지 삶는다.
⑤ 채소가 모두 익을 동안 닭가슴살을 먹기 좋은 크기로 찢어놓는다.
⑥ 냄비에 육수를 붓고 무염국수를 넣어서 익힌다.
⑦ ④와 무염국수를 담고 닭가슴살을 혼합한 후 참기름을 첨가하고 난각파우더를 토핑한다.

재료 준비

닭가슴살 53g
애호박 29g
감자 40g
케일 23g
건멸치 2g
무염국수 5g
참기름 0.2g
난각파우더 0.1g

*몸무게별 용량 설정 팁
(5kg 기준)
- 1kg 증가할 때마다 10퍼센트씩 용량 증가
- 1kg 감소할 때마다 10퍼센트씩 용량 감소

펫영양사의 카운슬링

멸치는 반려견의 뼈와 이빨에 도움이 되는 재료예요. 다만, 건멸치의 경우 나트륨 함량이 높기 때문에 반드시 염분을 제거해야 해요. 머리와 내장은 고유의 쓴맛이 있으므로 제거 후에 살만 사용할 것을 추천해요.

고소함이 가득한 꼬꼬두부조림

닭가슴살과 두부를 활용한 오리지널 반려견 집밥.
간편하게 조리하여 근사한 식사 시간을 만들어주세요.

조리 과정

① 두부를 끓는 물에 삶아서 염분을 빼고 한입 크기로 자른다.
② 닭가슴살과 표고버섯을 한입 크기로 잘라서 완전히 삶는다.
③ 상추를 잘게 다진다.
④ 빨간 파프리카를 믹서기에 완전히 갈아둔다.
⑤ 냄비에 간 파프리카를 넣고 닭가슴살, 표고버섯, 두부, 상추를 넣어 완전히 익힌다.
⑥ 그릇에 담고 참기름과 검은깨, 난각파우더를 토핑한다.

재료 준비

닭가슴살 48g
두부 25g
표고버섯 65g
빨간 파프리카 44g
상추 35g
검은깨 0.2g
난각파우더 0.4g
참기름 0.2g
연어 오일 소량

*몸무게별 용량 설정 팁
(5kg 기준)
- 1kg 증가할 때마다 10퍼센트씩 용량 증가
- 1kg 감소할 때마다 10퍼센트씩 용량 감소

펫영양사의 카운슬링

수분이 풍부한 상추로 수분을 보충할 수 있고 두부와 닭가슴살을 활용해 소화에 부담을 줄인 메뉴예요. 연어 오일을 사용하면 더욱 완성도 높은 영양을 제공해줄 수 있어요. 표고버섯은 식감이 질기므로 조리 시 완전하게 익혀야 해요.

보기만 해도 건강해지는 버섯덮밥

건강 그 자체인 버섯덮밥!
각종 버섯을 섞어 영양이 균형 있게 든 자연식이에요.

조리 과정

① 돼지고기를 잘게 다진 후 익을 때까지 볶는다.
② 각종 버섯을 잘게 다진 후 다 익을 때까지 볶는다.
③ 그릇에 백미밥을 담고 밥 위에 돼지고기와 각종 버섯을 올린다.
④ 메추리알을 완숙으로 휘저어 올린다.
⑤ 완성된 자연식에 참기름과 난각파우더, 검은깨를 뿌린다.

재료 준비

돼지 등심 28g
메추리알 5g
백미밥 12g
새송이버섯 15g
생목이버섯 7g
표고버섯 16g
팽이버섯 16g
참기름 0.1g
난각파우더 0.2g
검은깨 0.1g

*몸무게별 용량 설정 팁
(5kg 기준)
- 1kg 증가할 때마다 10퍼센트씩 용량 증가
- 1kg 감소할 때마다 10퍼센트씩 용량 감소

펫영양사의 카운슬링

표고버섯은 칼슘 흡수를 도와주는 역할을 해요. 버섯류는 잘 익히지 않으면 소화가 되지 않을 수 있으니 충분히 볶아서 익혀주세요. 메추리알은 소화가 잘되는 단백질로 구성되어 있고 칼슘 조절에 중요한 비타민D를 함유한 식재료예요. 하지만 메추리알의 흰자는 완전히 익히지 않으면 빈혈을 일으킬 수 있으니 주의하세요.

반려견을 위한 홈메이드 피자

건강과 맛을 한 번에 잡을 수 있는 피자. 구하기 쉬운 식재료를 토핑해서 반려견을 위한 이탈리안 셰프가 되어보세요.

조리 과정

① 껍질을 벗긴 고구마를 완전하게 쪄서 준비해 둔다.
② 찐 고구마를 덩어리가 없을 때까지 으깬다.
③ 토마토의 껍질을 벗기고 갈아서 준비한다.
④ 우유를 냄비에 끓여 식초를 넣고 무염치즈가 만들어지면 따로 그릇에 담아서 옮긴다.
⑤ 파프리카, 단호박, 연어, 소고기를 큐브 모양으로 자른다.
⑥ 쌀가루와 달걀, 고구마를 섞어 반죽한다.
⑦ ⑥의 반죽을 밀대로 밀어서 얇게 만든다.
⑧ 간 토마토를 도우에 얇게 편다.
⑨ 도우에 파프리카, 단호박, 소고기, 연어, 무염치즈를 올린다.
⑩ 예열된 오븐에 180도로 20분 정도 굽는다.

재료 준비

쌀가루 86g
달걀 31g
단호박 62g
고구마 28g
연어 27g
소 홍두깨살 25g
빨강 파프리카 26g
노랑 파프리카 29g
토마토 44g
무염치즈 42g
올리브유 0.8g
난각파우더 0.7g

＊몸무게별 용량 설정 팁
(5kg 기준)
- 1kg 증가할 때마다 10퍼센트씩 용량 증가
- 1kg 감소할 때마다 10퍼센트씩 용량 감소

펫영양사의 카운슬링

반려견을 위한 피자는 다양한 재료를 활용하여 비타민을 보강해줄 수 있도록 구성되었어요. 하루에 필요한 열량으로 설정되었기 때문에 한 끼에 모두 급여하지 말고 4~6번 나누어 주는 것이 좋아요. 남은 피자는 냉동실에 얼려서 보관하고 꼭 따뜻하게 데워서 급여해주세요.

우리집 반려동물을 위한 책 1

All-new 망고네 강아지 밥상

박은정 지음 | 109쪽 | 값 13,500원

사랑과 정성은 기본, 우리 강아지에게 주는 똑똑한 자연식 레시피!
우리 강아지의 영양을 정확히 알고 체계적으로 요리해보자.
국내 1호 자연식관리사가 직접 영양을 설계하여 더욱 믿을 수 있다.
맛있고 영양이 풍부한 76가지 자연식 레시피로
우리 강아지에게 행복하고 즐거운 애니멀라이프를 선물해보자.

우리집 반려동물을 위한 책 2

망고네 고양이 밥상 : 고양이가 행복해지는 레시피

박은정 지음 | 99쪽 | 값 13,000원

국내 1호 자연식관리사가 꼼꼼하게 추천해주는 우리 고양이 행복 레시피!
고양이는 개와 달리 식성도, 생활습관도 제각각 다르고 까다롭다.
이 책은 고양이에게 가장 중요한 단백질 식품인
소고기·돼지고기 등을 활용한 총 65가지 자연식 레시피와
반려묘 영양 정보 팁으로 알차게 구성되어 있다.

● 단한권의책 도서목록 ●

예술

캘리그라피 쉽게 배우기
박효지 | 18,000원

따라 쓰며 쉽게 배우는 캘리그라피
박효지 | 18,000원

실전 캘리그라피 파이널 레슨북 : 크라프트 에디션
박효지 | 21,000원

귀욤귀욤 볼펜 일러스트
아베 치카코 외 | 12,500원

지그펜으로 쉽게 배우는 영문 캘리그라피
오다와라 마키코 | 13,000원

당신의 손글씨로 들려주고 싶은 말 : 핑크 에디션
박효지 | 12,500원

매력뿜뿜 동물 일러스트 : 멸종위기동물 편
이요안나 | 11,200원

부비부비 강아지 일러스트
박지영 | 12,500원

다이어리 꾸미기 일러스트
나루진 | 13,000원

딥펜으로 쉽게 배우는 한글 캘리그라피
박효지 | 15,500원

바비 인형 따라 그리기 : 쁘띠 에디션
박지영 | 12,000원

감성 돋는 뉴레트로 종이인형 : 바비인형편
박지영 | 12,000원

문학

이솝우화
이솝 | 12,000원

샤를 페로 고전동화집
샤를 페로 | 12,500원

피터 래빗 이야기
베아트릭스 포터 | 13,000원

피터 래빗의 친구들
베아트릭스 포터 | 13,500원

피터 래빗의 친구들2
베아트릭스 포터 | 8,800원

어린왕자 ★ 별
생텍쥐페리, 알퐁스 도데 | 12,800원

개떡아빠 : 특별 보급판
김세호(김세잔) | 13,000원

빨간 머리 앤
루시 모드 몽고메리 | 14,000원

이상한 나라의 앨리스
루이스 캐럴 | 13,000원

거울나라의 앨리스
루이스 캐럴 | 13,500원

젊은 베르테르의 슬픔 : 블랙 에디션
요한 볼프강 폰 괴테 | 13,000원

키다리 아저씨
진 웹스터 | 14,000원

순수의 결정체 : 알퐁스 도데 단편선집
알퐁스 도데 | 13,000원

주말여행
김미리 | 13,500원

퍼즐

가로세로 낱말 퍼즐 : 재미부터 상식까지
단한권의책 | 8,800원

가로세로 낱말 퍼즐 : 세계사편
단한권의책 | 8,900원

가로세로 낱말 퍼즐 : 한국사편
단한권의책 | 8,900원

수학 퍼즐
짱아찌 | 8,900원

수학 퍼즐 : 더크로스편
짱아찌 | 8,900원

가로세로 낱말 퍼즐 : 상식 시즌2
짱아찌 | 7,700원

가로세로 낱말 퍼즐 : 한국사편 시즌2
짱아찌 | 7,200원

방구석 숨은 그림 찾기 : 명화편
아자, 짱아찌 | 8,500원

방구석 숨은 그림 찾기 : 세계여행편
아자, 짱아찌 | 7,900원

서로 다른 그림 찾기
이요안나, 짱아찌 | 10,000원

**온 가족이 똑똑해지는
숨은 그림 & 미로 찾기**
이요안나 | 6,600원

미니북

미니 피터 래빗 이야기
베아트릭스 포터 | 6,000원

미니 피터 래빗의 친구들
베아트릭스 포터 | 6,000원

미니 피터 래빗의 친구들2
베아트릭스 포터 | 5,000원

미니 빨간 머리 앤
루시 모드 몽고메리 | 7,000원

미니 이상한 나라의 앨리스
루이스 캐럴 | 6,500원

미니 거울나라의 앨리스
루이스 캐럴 | 6,900원

미니 어린 왕자
생텍쥐페리 | 6,000원

미니 키다리 아저씨
진 웹스터 | 7,000원

미니 이솝우화
이솝 | 6,000원